CATÉCHISME

A L'USAGE DE TOUT LE MONDE,

où

LE PEUPLE APPREND A CONNAITRE SES DROITS ET LE BOURGEOIS SES DEVOIRS,

PAR LE CITOYEN

PAGET Lupicin.

Celui-là ne mangera pas qui ne travaillera pas.
(Code de la société future, art. 1.)

DEUXIÈME ÉDITION.

Prix : 25 cent.

SALINS,

IMPRIMERIE DE G. MARESCHAL.

1850.

CATÉCHISME

A L'USAGE DE TOUT LE MONDE,

où

LE PEUPLE APPREND A CONNAITRE SES DROITS ET LE BOURGEOIS SES DEVOIRS,

PAR LE CITOYEN

PAGET Lupicin.

Celui-là ne mangera pas qui ne travaillera pas.
(Code de la société future, art. I.)

SALINS,

IMPRIMERIE DE G. MARESCHAL.

—

1850.

CATÉCHISME

A L'USAGE DE TOUT LE MONDE,

où

LE PEUPLE APPREND A CONNAITRE SES DROITS ET LE BOURGEOIS SES DEVOIRS.

Celui-là ne mangera pas qui ne travaillera pas.
(Code de la société future, art. I.)

Au 24 Février, le Peuple vainqueur n'eut pas un cri de haine, pas un acte de violence contre le Bourgeois vaincu qui l'avait écrasé, enchaîné pendant dix-huit ans; magnanime et généreux, il s'écria : Plus de partis! plus de castes! plus de classes! plus de divisions! nous sommes tous frères, enfants de la même patrie. Et le Bourgeois, content, heureux d'autant de clémence, se hâta d'endosser la blouse, honorable uniforme de l'Ouvrier, de presser sa main dans les mains rudes du travailleur.

Hélas! cette fusion de tous les partis,

ce nivellement de toutes les classes ne dura qu'un instant; bientôt les distinctions voulurent reprendre leur prédominance. Dans ce but, une première tentative eut lieu le 15 mars, tentative écrasée le lendemain par la manifestation imposante du Peuple, réclamant l'Egalité devant la garde nationale. La Bourgeoisie ne perdit pas courage.... A mesure que le temps nous éloignait de la Révolution, l'essaim du privilège augmentait; il se montra déjà puissant au 16 avril, grandit à la journée du 15 mai, et enfin l'emporta dans les néfastes journées de juin. A dater de cette époque, son triomphe est éclatant, il lève hautement la tête, il n'use plus de ménagements, il ne dit plus avec l'Assemblée nationale au 10 mai : nous sommes tous du Peuple, nous appartenons tous au Peuple, nous sortons tous du Peuple. Eh! maladroits, vous vous trahissez! Vous sortez du Peuple! Vous êtes donc en dehors de lui, au-dessus ou au-dessous ; or, il n'y a personne au-dessous du Peuple, vous êtes donc au-dessus de lui, supérieur à lui?

On le sait bien : Vous haïssez et détestez le Peuple ; vous le carressez quand vous avez peur de son audace et de son courage ; mais à peine s'est-il endormi trop confiant, au son de vos paroles mielleuses, qu'aussitôt vous vous montrez dans votre nullité orgueilleuse, et vous lui faites subir votre rapace avidité.

Nous pouvons donc, sans craindre un démenti, une dénégation, diviser la société française en deux classes : savoir la *Bourgeoisie* et le *Prolétariat.* Cette classification est adoptée par tout le monde, aussi bien par le Prolétaire que par le Bourgeois. C'est un fait ; nous le constatons.

La Bourgeoisie, sentant combien sa minorité est faible et peu nombreuse, cherche, à l'aide d'habiles insinuations, de perfides mensonges, à persuader à une partie du Peuple que leurs intérêts sont unis intimément. Et, suivant la vieille maxime du despotisme : *divide* et *impera,* divisez pour régner, par l'organe de l'inimitable Thiers, son ardent panégyriste, elle sème la zizanie dans le camp du Prolétariat. Je plains, s'écrie ce mirmidon, insulteur de tous les amis du Peuple, apologiste éhonté de toutes les turpitudes du dernier règne, le règne de la Bourgeoisie, je plains le pauvre ouvrier de la campagne, qui, suant le sang de son front dans de rudes labeurs, n'a pour toute nourriture qu'un peu de pain noir, pour toute habitation une cabane sâle et enfumée, pour toute jouissance le repos du dimanche, pour toute récréation la solennité de la messe et des vêpres ; tandis que l'ouvrier des villes, outre de magnifiques appartements, une nourriture succulente, des vêtements commodes et élégants, peut aller se reposer des fatigues de la journée dans les fauteuils élastiques des théâtres de Paris.

Ouvriers de la campagne, voulez-vous connaître le secret de ce tableau, où il n'y a de vrai que la description de votre détresse? L'auteur qui, en ce moment, vous cajole au détriment de vos frères, l'indique lui-même. Vous êtes vingt-quatre millions, vos frères des villes sont deux millions seulement. Vous êtes la majorité, c'est donc vous qui nommez les Conseillers généraux, les Représentants, le Président de la République. On a besoin de vous flatter, on vous flatte. Prenez garde ! une fois à la présidence, une fois à l'Assemblée législative, on saura bien trouver le fond de votre bourse.

Voyons si réellement les intérêts d'une partie du Prolétariat sont entièrement unis avec ceux de la Bourgeoisie. Si le contraire existe, ouvriers de la campagne, ouvriers des villes, unissez-vous, et dans le scrutin, jetez les noms du Peuple, écartez sans pitié tous ceux de la caste ennemie.

Définissons et le Peuple et le Bourgeois.

Qu'est-ce que le Prolétaire?

C'est l'homme qui vit du produit de son travail.

Qu'est-ce que le Bourgeois?

C'est l'homme qui vit du produit du travail d'autrui, c'est-à-dire du travail du Peuple.

Le propriétaire qui, sans travailler, retire un fermage de ses terres, un loyer de ses maisons, un intérêt de ses capitaux, une rente de ses fonds sur l'Etat, un bénéfice de ses actions sur les chemins de fer, les canaux, les tontines, les assurances, etc., est un Bourgeois.

Le Fabricant, le Chef d'atelier, le Maître ouvrier, l'Associé d'une entreprise, le Marchandeur, qui prélèvent sur le travail de l'ouvrier un bénéfice quelconque, sous prétexte d'instruments prêtés, d'ouvrage fourni, sont des Bourgeois.

En effet, les rapports entre le Travailleur et les Fabricantt, Chefs d'atelier, Maîtres ouvriers, etc., sont les suivants.

Le Fabricans donne de l'ouvrage à un Travailleur et le paie tant par jour ou tant par tâche : Supposons trois francs par jour. Le produit créé, se vend dix francs. Après avoir défalqué le prix de la matière première, qui, dans le cas cité, est ordinairement de trois francs, le maître a quatre francs de bénéfice net. En vertu de quel droit ces quatre francs appartiennent-ils au Maître plutôt qu'à l'Ouvrier ? Poser la question, c'est la résoudre. Ces quatre francs appartiennent de droit naturel et imprescriptible, à l'Ouvrier. Le Maître lève au Travailleur quatre francs, ou mieux il les soulève ; c'est un Bourgeois.

Que l'on ne dise pas : Le Fabricant court la chance des pertes, et pour compensation à ce risque, il prélève une somme quelconque. Eh ! bon Dieu ! qui le force à courir cette chance, ce risque ?

Le Voleur court, lui, le risque d'être pris par les Gendarmes, mis sous les verroux par le Geôlier, condamné par les Juges, pendu par le Bourreau. Et cependant, qui ose le justifier de ses actes de rapine ? Qui ose invoquer en sa faveur les terribles chances qu'il court ? Il joue sa vie, tandis que le Bourgeois ne joue que sa bourse. Quel est donc celui qui devait être le mieux justifié, si l'on suivait votre raisonnement ? Ce serait celui qui court les plus grands risques, ce serait le Voleur. Avec un pareil système, on justifierait tous les Usuriers, tous les Notaires-agioteurs, tous les Concussionnaires, tous les Juges prévaricateurs, tous les loups-cerviers de la Bourse, on justifierait tous les crimes. Voyez les résultats de cette triste et abominable morale. Le Peuple, à la logique inflexible, déduit de votre principe cette conséquence transformée en proverbe : On va au bois pour l'amende. Par suite, combien de délits commis, de soustractions opérées ! La probité s'effaçant peu à peu dans les âmes, tourne au vol et à l'assassinat, par l'extension toujours plus en plus grande que l'on donne à votre infâme maxime.

Mais toutes les personnes dont vous venez de parler sont toutes propriétaires ; s'ensuit-il que tous les propriétaires soient des Bourgeois ?

Non.

Le Laboureur, propriétaire d'un champ cultivé de ses mains, arrosé de ses sueurs, n'est pas Bourgeois.

Le Fabricant, propriétaire d'une maison occupée par ses magasins, par les machines qui alimentent son industrie, n'est pas Bourgeois.

L'Ouvrier, propriétaire des outils nécessaires à sa profession, n'est par Bourgeois.

Le Commerçant, propriétaire des marchandises qui remplissent sa boutique, n'est pas Bourgeois.

Ainsi, tout propriétaire n'est pas Bourgeois, mais tout Bourgeois est propriétaire.

Qu'est-ce qui caractérise le Bourgeois, et le distingue?

C'est le prélèvement qu'il fait d'un bénéfice quelconque sur un produit à la création duquel il n'a point concouru, ni par son talent ni par son travail. Il a prêté un capital, soit terres, maisons, matières premières, outils, argent, qui, entre les mains du Peuple, a enfanté un nouveau capital, et il prend une partie de ce nouveau capital. Si le capital n'avait pas été fécondé par le travail, aurait-il produit quelque chose? Evidemment non, il serait demeuré stéril, impuissant, improductif. Pourquoi celui qui n'a point aidé par son travail à l'enfantement de ce nouveau produit, en prend-il une portion?

Est-ce juste? Depuis quand les enfants appartiennent-ils aux femmes qui ne les ont pas mis au monde?

L'Ouvrier qui met à la caisse d'épargne, et en retire un bénéfice, est donc Bourgeois.

Sans nul doute. Il est Bourgeois, par la rente du capital qu'il a placé sur l'Etat, mais il est Prolétaire par son travail de chaque jour. Tous les jours son maître lui enlève une partie de son labeur, et lui, à force d'économies, à force de privations, est parvenu à amasser un petit pécule à l'aide duquel il enlève à l'Etat, c'est-à-dire à tous ses frères, une partie de leur produit. Il prend d'un côté, ce qui lui est enlevé d'un autre côté ; c'est toujours avec perte, car il ne peut jamais parvenir à amasser une somme qui lui rapporte assez d'intérêts pour compenser les sommes prélevées sur son travail. C'est un jeu de dupe, où il perd à coup sûr.

Le propriétaire d'une maison occupée en partie par ses magasins, par ses machines, l'autre partie étant louée, est-il Bourgeois ?

Oui et Non.

Oui, il est Bourgeois pour la portion de maison dont il retire un loyer.

Non, il n'est pas Bourgeois pour la portion de maison occupée par ses appartements, ses marchandises et ses machines.

Le laboureur qui cultive quelques-uns de ses champs, donne à ferme le surplus, est-il Bourgeois?

Oui et Non.

Oui, il est Bourgeois pour les terres qu'il donne à bail.

Non, il n'est pas Bourgeois pour les terres qu'il cultive lui-même.

Le propriétaire, soit de maisons, soit de rentes sur l'Etat, soit de terres, etc., débiteur envers un individu quelconque, est-il Bourgeois?

Il en a les apparences, sans en avoir la réalité. En effet, tous les bénéfices qu'il retire de ses diverses propriétés passent en d'autres mains que les siennes, aux mains de ses créanciers; il jouit de tous les inconvénients de la propriété, sans en avoir les avantages; il est simple fermier, quand sa dette ne s'élève pas plus haut que ses valeurs; il est moins que fermier, quand son passif est égal à son actif, ou lui est supérieur. Par son travail, il fait valoir ses biens, sans en rien conserver ; à proprement parler, il travaille sans rien gagner, il est une victime vouée à la Misère, il n'est pas Bourgeois, il est Prolétaire.

Le fonctionnaire public est-il Bourgeois?

Non. Son traitement n'est rien autre que le fruit de son travail.

Le Sinécuriste est-il Bourgeois ?

Oui. Car il perçoit des honoraires sans les avoir mérités par aucune besogne.

Le fonctionnaire public, cumulant deux emplois, est-il Bourgeois ?

Oui.

Nécessairement, il ne peut remplir deux fonctions en même temps, il ne peut être ici et là : le droit d'ubiquité n'ayant jamais appartenu qu'à la Divinité. Ou il remplit ses deux fonctions, ou il ne les remplit pas. Dans le premier cas, l'administration est mal organisée : L'un de ces emplois et

même tous les deux ne sont pas assez sur-
chargés d'ouvrage, d'où la nécessité de
les supprimer ou d'ajouter à chacun d'eux
une nouvelle besogne. Dans le second cas,
il est sinécuriste, par conséquent Bourgeois. Telle est la véritable raison qui condamne tous les cumuls et toutes les incom-
patibilités. Aussi dirai-je à l'Assemblée
nationale : Etre Représentant du Peuple,
c'est consacrer toute sa science, toutes ses
veilles, toutes ses études à la confection
des lois, à l'amélioration matérielle, morale et intellectuelle du Peuple. Quelle que
soit la capacité, quel que soit le talent,
quel que soit le génie d'un homme, cette
tâche surpasse tous ses efforts ; il ne peut
les consacrer à aucune autre fonction.

L'Huissier, l'Avoué, le Greffier, le Notaire, qui prennent pour honoraires une
somme supérieure aux tarifs, qui pro-
longent un procès afin d'augmenter les
vacations, sont-ils Bourgeois ?

Ils font acte d'escroquerie, ils sont ar-
chi-bourgeois.

Le Président d'un tribunal, qui laisse
bavarder pendant plusieurs séances un

habile avocat, est-il Bourgeois !

A cause de ce bavardage, le procès dure plusieurs séances, les vacations à payer sont plus nombreuses, l'escroquerie signalée plus haut se commet, et ce, par la faute, la complaisance, même la volonté bien déterminée du Président ; alors il y a escroquerie, alors le Président est Bourgeois.

La femme publique, le souteneur de mauvais lieux, sont-ils Bourgeois?

Tout ce qu'il y a de plus Bourgeois.

La danseuse de corde, le saltimbanque, l'histrion, le pirouetteur du Grand-Opéra, sont-ils aussi des Bourgeois?

Evidemment.

Cependant, tous ces gens-là travaillent ; ils ne prélèvent pas d'intérêts, de droits d'aubaine sur une recette à laquelle ils n'ont pas concouru, mais ils reçoivent un droit de salaire pour le travail qu'ils ont exécuté.

Il est vrai qu'ils ont travaillé, mais leur travail n'a été ni utile, ni productif à la société. Le joueur de billard travaille aussi, et il ne réclame point de salaire ; loin de là , il paie.

Pour appartenir au Peuple , il faut être ouvrier sincère , ouvrier produisant des valeurs réellement nécessaires , réellement utiles.

Le soldat ne travaille pas , c'est donc un Bourgeois.

Au premier abord , la question paraît embarrassante. De longs développements ne seraient point de trop ; je me bornerai à quelques mots. De fait , les œuvres du soldat sont négatives : il préserve la patrie des invasions de l'ennemi , il maintient l'ordre dans les rues, il empêche l'action des malfaiteurs. Tout cela est œuvre d'uti lité , mais le soldat ne crée ni ne produit rien ; de ses mains aucun ouvrage ne sort, et comme l'essence des Bourgeois est de ne rien produire , de ne rien créer, il s'ensuit que le militaire rentre dans cette catégorie. Aussi le temps n'est pas loin où toute armée , à cause de l'union générale des peuples, de la disparition du dernier privi- lège qu'elle soutient, deviendra nulle et s'a- néantira. On a dit : Les ateliers nationaux payés pour ne rien faire, boire et s'amu ser, sont l'armée permanente de l'émeute; on peut dire à son tour, les armées payées pour ne rien produire, pour se promener tambour battant, drapeau en tête, pour présenter les armes à nos seigneurs les fonctionnaires, pour refouler et massacrer le Peuple, sont les ateliers nationaux du despotisme. Elles ruinent la France par un budget de cinq cents millions, quinze cent mille francs par jour. Combien les ateliers nationaux étaient loin de dépenser ce chiffre énorme !

Le commissaire de police, ses agents les mouchards et tout ce qui touche de près ou de loin à cette honorable administration, tels que les ambassadeurs, consuls, etc., qui sont les mouchards des gouvernements à l'étranger, sont-ils Bourgeois ?

Comme les œuvres du soldat, leurs œuvres sont négatives ; comme le soldat, ils ne produisent rien, comme le soldat, ils sont Bourgeois.

Les mendiants, allant de porte en porte quêter une aumône, sont-ils Bourgeois ?

Ils vivent, non de leur travail, mais du travail d'autrui, ils sont Bourgeois.

Le Voleur, depuis celui qui, à l'aide d'une machiavélique interprétation de la clause d'un contrat, soustrait le bien d'autrui, jusqu'à l'honnête coupeur de bourse, arrêteur de grands chemins, est-il Bourgeois?

Cela ne souffre aucune difficulté.

Ainsi donc : Financiers, Lorettes, Propriétaires, Filles publiques, Notaires, Voleurs, Rentiers, Danseuses, Soldats, Mendiants, Mouchards, Saltimbanques, sont des Bourgeois.

Quel monstrueux amalgame ! Quoi ! dans la même classe vous rangez les Financiers et les Lorettes, les Propriétaires et les Filles publiques, les Notaires et les Voleurs, les Rentiers et les Danseuses, les Soldats et les Mendiants, les Mouchards et les Saltimbanques. Vous bouleversez a société de fond en comble.

Que voulez-vous? Je suis ici simple historien, chercheur de faits ; les rapportant tels que je les trouve.

Est-il vrai, oui ou non, que les voleurs, les rentiers, etc., appartiennent à la catégorie des oisifs ? Et s'ils sont oisifs, com-

ment peuvent-ils vivre? Avec quoi vivent-
ils? Avec les rentes perçues sur les labeurs
du Peuple ; ils sont donc tous Bourgeois.
Puis, voyez les relations qui unissent ces
divers individus les uns aux autres, ils se
soutiennent tous mutuellement. Qui entre-
tient la Lorette ? C'est le financier. S'il n'y
avait point de propriétés, croyez-vous
qu'il existerait des voleurs? Sans le super-
flu du rentier, l'aumône n'aurait pas lieu,
le mendiant deviendrait un mithe. Enlevez
le Mouchard et le Soldat, tous disparaî-
tront, car ce sont eux qui les défendent,
qui protègent leurs droits d'aubaine, for-
cent le prolétaire à subir le joug de leurs
privilèges.

Vous êtes donc d'accord avec l'écono-
miste Proudhon, comme lui vous dites :
la propriété, c'est le vol.

Je ne vais pas aussi loin.

Proudhon a été mal compris par tous
ses adversaires, ou bien ils sont de mauvaise foi. Il n'a pas voulu dire que les propriétaires étaient des voleurs, il a simplement exprimé l'idée de l'injustice de la
propriété, il a appelé cette injustice vol,

afin de rendre plus saillante sa pensée, car ce qui est vol est évidemment injuste. Pour être voleur, il faut un acte de la volonté par lequel vous vous appropriez sciemment un objet qui ne vous appartient pas ; aussi les propriétaires ne sont point des voleurs, mais ils sont détenteurs d'une chose injuste. Proudhon et tous les socialistes concentrent leurs efforts pour éclairer le propriétaire, et lui montrer combien il est éloigné des sentiers de la vraie morale pour le remettre dans le bon chemin ; c'est le but de ce petit opuscule.

Parce que le propriétaire n'est réellement pas un voleur, s'ensuit-il que la propriété ou son revenu ne soit pas injuste? La question est là toute entière. D'après ce que nous avons dit et ce que nous dirons plus bas, la solution est évidente. Oui, la Propriété est injuste.

Si la propriété est injustice, il est donc inutile d'amasser par son labeur un petit capital, pour se soigner dans les maladies, pour vivre tranquillement quand l'âge et les infirmités viennent tarir les sources du travail, pour transmettre un bien-être à ses enfants. Cela n'est pas possible, car c'est venger la nature humaine, qui aspire sans cesse à conserver, afin d'assurer la sécurité de son avenir ; jamais ce changement ne s'opérera, jamais l'on ne détruira ce sentiment intime de l'âme.

Vous prêtez aux socialistes des idées qu'ils n'ont jamais exprimées. Où avez-vous vu qu'ils empêchaient la possession d'un capital? Pour mon compte, je n'ai jamais combattu et je ne combats que l'intérét prélevé par le capital sans que le possesseur ait travaillé. Je ne dis pas : la propriété est un vol, mais je dis : le fermage des terres, le loyer des maisons, l'intérêt de l'argent, le bénéfice des actions, etc. etc., est un vol. Là, existe une grande et essentielle distinction. Le capital n'est pas le revenu. Il importe de remarquer cette distinction entre la propriété et son produit.

La propriété par elle-même produit-elle quoi que ce soit? Tout le monde répond sans hésiter ; le capital par lui-même ne produit rien. Par quel procédé la production s'opere-t-elle? Par le travail. Qui doit retirer les avantages de cette production? Est-ce le travail ou le capital? En d'autres termes : Est-ce celui qui a produit ou celui qui n'a pas produit? Sans aucun doute, c'est celui qui a produit, c'est le travailleur. Est-il juste que celui qui n'a pas produit prélève une partie de la production? C'est la plus criante et la plus odieuse injustice; c'est le vol dans toute son horreur, dans tous ses terribles effets, car il s'attaque a la source de la production et la tarit en quelque sorte en ruinant le travailleur, en créant la Misère, génératrice de tous les crimes.

Voyons les faits tels qu'ils se passent dans notre société mal bâtie, où tout est à reconstruire de fond en comble, où les mots ont changé de signification, où l'injuste est devenu le juste, où le mal a été prêché comme bien, où le vol a été considéré comme la base fondamentale de l'édifice social.

Le Travail reçoit-il sa production toute entière? Et s'il ne la reçoit pas, qui la lui enlève?

Voilà un négociant qui, pour fonder sa

maison, a emprunté vingt mille francs. Après une année de travail incessant, de combinaisons ingénieuses, de courses nombreuses, d'économies scrupuleuses, il établit son bilan. Ses bénéfices, tous les faux frais prélevés, y compris son entretien et sa nourriture modeste, se montent à huit cents francs, plus ou moins ; or, il doit mille francs d'intérêts, bien heureux s'il a pu obtenir de l'argent au taux de 5 p. 100 ; donc, son passif dépasse son actif de deux cents francs : il est en perte, il est dans la large voie de la Misère. Pourquoi? Parce que le capital prélève une partie de sa production. Si le capital, pour ses intérêts, n'absorbait rien, ce commerçant serait en avance, il aurait un bénéfice de huit cents francs. Ici, le capital est pris en flagrant délit ; sans lui, le négociant serait riche et heureux.

N'allez pas objecter : si les vingt mille francs n'avaient pas été empruntés, il n'y aurait point de perte. La perte existerait toujours, car il faut que le négociant se paie à lui-même les intérêts de son capital engagé, ce qui a toujours lieu dans les maisons de commerce, on les compte dans chaque inventaire parmi les faux frais. Et puis, il serait bien bon de faire valoir, par lui-même, ses propriétés, tandis qu'en les louant, il en retirerait les bénéfices sans aucune chance de perte et sans aucun travail. Malheureusement, la supposition que nous venons de faire est la réalité pour les dix-neuf vingtièmes des commerçants et des propriétaires. Les propriétaires du sol et des maisons ont leurs immeubles grevés d'hypothèques, de telle façon que ce sont les créanciers qui perçoivent les revenus. Dans Paris, les deux tiers des maisons sont grevés pour leur valeur entière; je vous le demande, ne vaudrait-il pas mieux pour les propriétaires qu'ils ne soient point propriétaires; l'autre tiers des maisons, à part quelques-unes en fort petit nombre, le sont plus ou moins. Parmi les cinquante mille individus possesseurs des maisons de Paris, quarante mille ne possèdent réellement pas; il ne reste donc que dix mille hommes propriétaires de tout Paris : eh bien! ces dix mille propriétaires jouissent de la propriété des quarante mille possesseurs, qui pressurent leurs locataires pour satisfaire leurs avides créanciers. De telle sorte que dix mille hommes jouissent du travail d'un million d'habitants, et ces dix mille hommes ont persuadé à l'autre million que les revenus qu'ils prélevaient sur eux était une chose sacrée, sans laquelle la société ne pourrait vivre, oui, la leur, sans laquelle on retournerait vers la barbarie, on retomberait dans l'esclavage. Ils leur ont persuadé cela si fort, qu'ils vont de tout cœur présenter leur poitrine aux balles de leurs frères combattant pour les sauver de ce joug infâme ; qu'ils fusillent sans pitié ni miséricorde les insurgés faits prisonniers, parce qu'ils les considèrent comme des voleurs et des assassins.

Jusques à quand serez-vous aveugles ? Jusques à quand l'ignoble déesse du lucre jettera-t-elle un voîle sur votre visage ? Vous êtes fascinés par le désir d'atteindre à de hautes fortunes, vous êtes tentés par les paroles menteuses de ces infernaux séducteurs, qui vous disent : Avec de l'économie, du travail, de la rouerie, de la flibusterie, juste assez pour ne pas dépasser les limites du Code pénal, un peu d'usure, quelques vols habilement opérés, afin de conserver le titre d'honnête homme, vous arriverez aussi haut que nous, vous serez comme nous fêtés, adulés, pendus à la croix d'honneur. Oui, l'ouvrier peut devenir Bourgeois, le travailleur peut devenir rentier.

Malheureux ! vous apercevez les quelques individus qui sont arrivés, en pressurant leurs frères, à ces positions enviées, et vous ne voyez pas le nombre immense de misérables qui ont été écrasés en leur servant de piédestal. Un d'Elu, si l'on peut appeler cela des Elus, cent mille Réprouvés, jetés dans l'enfer du Malheur. Vous préféreriez courir la chance d'arriver à une haute position que de jouir en tout calme et sécurité du fruit de vos labeurs considérablement augmenté, dès que nul n'en prélèverait aucune part. Non, non, vous n'êtes qu'égarés, votre cœur est trop haut placé, vos sentiments trop nobles pour marcher sciemment sur la ruine de vos frères. Il suffit de vous éclairer, de vous montrer la droite voie ; aussitôt connue, vous y entrerez franchement et y marcherez à pas pressés et sûrs.

Je comprends, et j'admire le Vendéen qui, dans ces batailles de géants, combattait pour défendre son Dieu ; chacun d'eux y était intéressé et tout autant que son voisin, parce que Dieu appartenait à l'un tout autant qu'à l'autre. Mais je ne comprends pas et j'ai en pitié le Garde national de Paris, combattant pour soutenir, défendre la propriété de dix mille individus, source de ses malheurs et de sa ruine. C'est par trop d'abnégation, surtout quand cette abnégation n'est pas un acte de justice ; bien loin de là, est un acte d'injustice puisqu'il soutient le privilège. Malgré toute ma bonne volonté, j'ai peine à croire que ce soit par charité envers leurs oppresseurs qu'ils répandent si généreusement leur sang, ils croient conserver leurs biens, et ils les détruisent. Un aveuglement pareil a-t-il jamais existé !

Un siècle entier a combattu par le raisonnement, par l'ironie, par la littérature, par le théâtre, par tous ses grands hommes, philosophes, orateurs, historiens, poètes, savants, par tous ses hommes d'État, par une révolution qui a enfanté des prodiges sans exemple dans l'Univers, pour la destruction de la Dîme. Ce siècle, c'est le dix-huitième siècle; ces philosophes, ces orateurs, ces poètes, ces savants, ce sont Voltaire, Jean-Jacques Rousseau, d'Alembert, Diderot, Mirabeau, Danton; cette révolution, c'est la révolution de 1791, 1792, 1793. Savez-vous ce que c'était que la Dîme? La plus minime partie du prêt à intérêt. Les propriétaires d'alors, Noblesse ou Clergé, avaient donné leurs terres en fermage, à raison d'un dixième des produits, d'où le nom de Dîme. Ils ne prélevaient pas leurs fermages en argent, mais en produits; ils ne prélevaient pas de ces produits une quantité fixe et déterminée d'avance, ils prélevaient seulement un dixième de la récolte, de telle sorte que le cultivateur en possédait toujours, quelle que fut l'abondance ou la stérilité, les neuf dixièmes. Jamais il ne pouvait être ruiné; actuellement quelle différence! Le fermier

loue des terres, des maisons, à un prix
convenu et indépendant de la quantité plus
ou moins grande des produits créés par
son travail ; tant pis si ses récoltes sont au-
dessous de la valeur de son fermage : il
paiera ni plus ni moins ; seulement il ven-
dra ses bestiaux, ses outils, ses meubles, et
il sera chassé ignominieusement de la terre
qu'il a engraissée de ses sueurs, qu'il a amé-
liorée par son travail, dans laquelle il a in-
fusé une nouvelle richesse par ses labeurs.
Sa réputation sera compromise, le titre
de mauvais payeur l'accompagnera en tout
lieu, et nulle part il ne trouvera un coin
de terre où il puisse dépenser ses forces
de travailleur, son intelligence d'agricul-
teur.

Le propriétaire jouit sans remords de
la valeur infusée dans ses terres par son
locataire. Valeur considérable que personne ne nie, car tout le monde sait qu'une
terre n'a réellement de valeur que par le
travail accumulé. Un terrain inculte est
sans valeur, un terrain cultivé voit s'augmenter sa fécondité. Cette augmentation
de fécondité sert précisément de raison à

tous les souteneurs de la propriété. La propriété, disent-ils, est le fruit du travail, or, c'est mon travail qui a fait valoir au terrain, donc ce terrain m'appartient : parfaitement raisonné; aussi M. Francisque Bouvet, qui a développé cette idée à la tribune, a-t-il été applaudi par l'Assemblée toute entière. Nous sommes d'accord avec M. Bouvet et avec l'Assemblée. Oui, la propriété est le fruit et la récompense du travail; en conséquence, celui qui n'a pas travaillé n'a rien à recevoir. Dans le refus de donner quoi que ce soit à l'oisif, dans le vouloir de tout donner au travailleur, consiste le socialisme, et le socialisme le plus avancé. L'Assemblée nationale veut cela, elle est donc socialiste au dernier degré. Et vous, propriétaires, qui avez renvoyé le laboureur par suite d'une disette où il n'a pu vous payer, vous le frustrez de la récompense de son travail; vous l'empêchez de jouir de la valeur qu'il a accumulé dans vos terres, vous êtes condamné par l'Assemblée nationale. Il n'existe dans la langue française qu'un seul mot juste pour qualifier cet acte infâme;

vous êtes un *voleur.*

Et nous, héritiers de ce dix-huitième siècle, nous qui prétendons avoir continué l'œuvre de 89 par nos révolutions de 1830 et 1848, nous sommes encore plus arriérés! Qu'avons-nous donc gagnés à tous ces bouleversements? Ce n'est plus seulement le dixième des produits que les travailleurs donnent aux oisifs, c'est ordinairement la moitié, quelquefois plus.

Qu'est-ce que le Peuple?

Le Peuple est cette masse innombrable de citoyens, qui vivent du produit de leur travail.

Le Littérateur qui vit de sa plume, le Peintre de son pinceau, le Ministre de ses émoluments, le Président de la République de son salaire, le Manœuvre de ses bras, sont tous du Peuple.

Châteaubriand est un homme du Peuple, Rostchild est un Bourgeois. Lamennais est Peuple, tandis que le baron de Nivière est Bourgeois. Proudhon est prolétaire, et moi, chétif inconnu, je suis Bourgeois. Le travail distingue le Prolétariat, l'oisiveté caractérise la Bourgeoisie.

A l'une, toutes les jouissances, toutes les voluptés, tous les plaisirs, spectacles, bals, concerts, parcs frais et ombragés, vins exquis, mets délicieux, vêtements élégants, riches de soie et de velours, habitation somptueuse; meubles ravissants, à l'autre, la douleur, la peine, les fatigues, la faim, les habits troués et rapiécés, la mansarde nue et délabrée. D'où vient cette différence? Celui-là n'a jamais rien fait, n'a jamais rien créé; celui-ci a enfanté les prodiges des arts, les magnificences de la civilisation, les beautés des édifices; il a produit la richesse, et il est dans la misère; il a bâti les palais, et il n'a pas une pierre où reposer sa tête; il a filé la soie, et il n'a pas de bure pour couvrir ses membres; il a cultivé la vigne, moissonné les épis, et il n'a pas de pain pour satisfaire son appétit, pas de vin pour fortifier son corps affaibli par le travail. Où est la justice? Où est l'équité? Infamie! horreur! abomination!

A chaque instant, vous entendez dire : le privilége n'existe plus, la Révolution française l'a détruit, et a mis en sa place l'égalité; et de pauvres ignorants, victimes, font chorus. Oui, le privilége existe, il est dans le prélèvement d'un bénéfice quelconque opéré sans travail à l'aide d'un capital, terres, maisons, argent, etc., prêté soit à l'Etat, soit aux particuliers. Maintenant, osera-t-on le nier? Est-il invisible? Est-il impalpable? Nous l'avons vu, nous l'avons touché, nous l'avons palpé, nous le connaissons dans son essence, nous savons tous ses détours, nous pouvons donc le poursuivre et l'anéantir. Prolétaires, voilà le monstre que vous devez abattre si vous voulez sortir de l'état misérable dans lequel vous vivez. Voilà le but instructif qui vous a poussé à faire la sublime Révolution de Février. Voilà le but que tout le monde cherche, vers lequel tout le monde aspire, dont l'ignorance a jeté la Révolution dans l'hésitation et le tâtonnement. Voilà pourquoi, et cette ignorance en est cause, pas un homme ne s'est encore montré grand, hardi, audacieux. Voilà pourquoi l'Assemblée nationale se débat au milieu de discussions vaines, puériles, interminables ; elle s'agite

dans le vide. Voilà pourquoi les mouve-
ments du 16 Avril, du 15 Mai, l'insurrection des 23, 24, 25, 26 Juin ont échoué.
A ces diverses époques, le Peuple n'avait
point de but fixe, déterminé; on ne savait point ce qu'il voulait, il ne le savait
point lui-même, en sorte qu'il a été com-
primé par la Garde nationale, compo-
sée en grande partie du Peuple, par la
Garde mobile, tous enfants du Peuple,
par l'armée, qui est du Peuple toute entière, à part les chefs. Remarquez combien l'instinct populaire était puissant, il
sentait que les insurgés combattaient pour
défendre ses intérêts; aussi ne vint-il point
à l'assaut des barricades de prime abord.
Les premiers jours de la bataille, ce ne fu-
rent que trois légions qui marchèrent
spontanément sans ordre du pouvoir, la
première, la deuxième et la troisième légions. Vous connaissez les quartiers de
ces légions : les faubourgs Saint-Germain
et Saint-Honoré et la Chaussée d'Antin,
quartiers de la noblesse, de la richesse et
des banquiers ou loups-cerviers. Le Peuple de ces quartiers ne vint point d'abord,

il ne vint que les derniers jours, trompé par les mensonges et les calomnies des Bourgeois qui injuriaient leurs adversaires et les appelaient des brigands, des assassins. Lisez le récit de ces terribles et néfastes journées, les héros sont des Bourgeois. Rendons-leur justice en leur rendant hommage ; ils se sont battus vaillamment, ils ont généreusement répandu leur sang pour soutenir leurs propriétés, leurs priviléges. Qu'ils nous servent d'exemple ! Ils ont fait des actions d'éclat, nous ne pouvons le nier. Quoi d'étonnant ! Ce sont des Français.

Mais si la troupe de ligne, la Garde mobile, avaient connu de science certaine, que les insurgés marchaient à la destruction du dernier privilége qui les écrase, croyez-vous que l'insurrection eût été vaincue ?

Écoutez cette parole révélatrice. Un Garde mobile, à qui l'on donnait des éloges au sujet de l'admirable courage que lui et ses compagnons avaient déployé, répond : ça devait être ; vous nous avez habillés, et nous avons du pain assuré tous les jours, nous avons dû vous prouver notre reconnaissance. Vous n'aviez pas d'habits! Vous n'aviez pas de pain! Qui donc vous les enlevait? Le Bourgeois, à l'aide des intérêts qu'il perçoit en prêtant ses capitaux. Et s'il vous donne de l'argent et du pain, c'est avec l'argent de l'État, l'argent pris à vos frères les ouvriers, car le riche paie peu d'impôts en comparaison du pauvre. Il n'y a point d'impôts sur les rentes de l'État, il y a égalité d'impôts sur les objets de consommation, quelle que soit leur qualité. La bouteille de vin à dix centimes paie tout autant que la bouteille à cinq francs. Le Bourgeois fait la loi à son profit bien entendu.

Et n'allez pas croire que je prêche l'insurrection. À Dieu ne plaise. Je pense et je soutiens que le problème de la destruction de la Misère peut et doit être résolu pacifiquement. L'insurrection vaincue a toujours été fatale aux causes dont elle avait pour but le triomphe. Sans les émeutes de 1831, 1832, 1834 et 1839, Louis-Philippe, avec son système honteux et spoliateur, n'eût jamais duré un règne de dix-huit ans. Après la dernière échauffourée, celle de Barbès, en 1839, il fallut dix ans de calme profond, de luttes pacifiques, pendant lesquels la royauté de Juillet montra son ineptie, étala sa hideuse corruption et tomba en discrédit dans l'opinion publique. Aussi la France l'a-t-elle rejetée avec ignominie, elle l'a chassée comme un laquais à qui l'on ne fait pas même l'honneur de s'enquérir de quel côté il dirige ses pas. Pas un homme n'a poussé un cri de désolation, pas un fonctionnaire public n'a montré un instant d'attachement, pas un officier n'a brisé son épée, pas un magistrat n'est descendu volontairement de son siège pour protester. Dupin, le grand Dupin, le confident intime, n'a pas attendu au surlendemain pour donner son adhésion à la République, il s'est empressé de faire rendre la justice au nom du Peuple français; et nul ne le lui demandait. Le 24 Février n'est pas une insurrection ; tout le monde manifestait la même intention, la répulsion de l'ex-roi, à l'exception des baïonnettes toujours inintelligentes, ce qui est leur condamnation.

Croyez-vous que si le 15 Mai n'était point venu, si les journées de Juin n'avaient point eu lieu, le parti rétrograde conduirait en ce moment les destinées de la France? Croyez-vous que Thiers, avec les quatre cents Représentants de la rue de Poitiers, imposeraient au pouvoir exécutif les ministres en attendant mieux. Encore une émeute vaincue, et ce ne sera plus Thiers, Barrot, Bonaparte que vous aurez, mais ce sera la monarchie, ce sera Berryer, Larochejacquelein, Genoude, Henri. Pour mon compte, j'aime mieux ceux-ci que ceux-là. Les partisans de la légitimité ont les sentiments chevaleresques, généreux; ceux de la quasi-légitimité jouissent de beaucoup d'égoïsme, c'est leur qualité spéciale. Socialiste dans l'âme, envers et contre tous, je ne puis donc désirer une émeute qui retarde et recule l'avénement des vrais principes de la justice et de l'équité. Je le sais, quand la victoire est au Peuple, il fait des pas de géant, il rattrappe en une heure les années qu'il a perdues. Aussi, je le déclare, si l'émeute existe, je désire son succès, qui toujours avance la solution du grand problème, la destruction de la Misère, car je ne crains point une émeute en faveur de Napoléon Bonaparte, de Louis-Philippe, d'Henri V, sa défaite est inévitable ; je ne crains point une émeute faite dans le but de satisfaire quelques ambitieux ; leurs partisans, trop faibles par leur petit nombre, ne parviendront jamais à enthousiasmer le Peuple qui ne verra pas inscrit sur son drapeau un principe à conquérir. Ç'en est fait ; les personnalités s'effacent, les Peuples vivent, non pour un individu, mais pour eux-mêmes.

Ainsi la caractéristique du Bourgeois, c'est l'oisiveté, la caractéristique du Peuple, c'est le travail. Chose monstrueuse ! Le Bourgeois produit sans travail, sans labeurs il consome, il daigne prendre une part des œuvres du travailleur; pour l'ouvrier, il daigne jouir de tous les plaisirs. En vérité, c'est trop d'honneur, notre trop cher seigneur ; les temps sont venus, hâtez-vous de jouir, hâtez-vous de nous enlever une partie de nos travaux, car, je vous le dis, celui-là seul vivra, jouira, consommera, qui travaillera.

Maintenant, il ne peut plus entrer de doute dans l'esprit de quiconque au sujet de cette grande division qui sépare la société en deux parties ; à savoir, la Bourgeoisie et le Prolétariat.

Depuis le commencement du monde il n'y a jamais eu d'autres classes parmi les hommes ; elles ont été caractérisées à chaque époque par des noms différents, par des conditions diverses. Avant la venue du Christ, il y avait les hommes libres et les esclaves ; ceux-ci appartenaient à ceux-là, ils étaient considérés comme chose, et ils tombaient en héritage.

Les révoltes nombreuses, les soulèvements terribles que l'on remarque à chaque instant dans l'histoire des sociétés anciennes, indiquent la marche du progrès. En quoi consistait ce progrès ?

Dans l'accession pure et simple des chefs de la révolte parmi les hommes libres. Les hommes libres devenaient plus nombreux ; c'était seulement une réforme, mais non une révolution.

Christ, le fils du charpentier, apparaît : issu de sang royal déchu, courbé sous le joug ignominieux de l'inégalité, son âme s'indigne, il proclame l'égalité des hommes. O sainte égalité ! n'oublie jamais qu'il fut le premier et le plus ardent apôtre de ton culte ; que tes adorateurs ne blasphèment point son nom ! Cette proclamation fut une révolution non dans les faits, mais dans les idées. Aussi, à partir de cette époque, la réforme marche à plus grands pas. L'esclavage disparaît pour faire place au servage.

Aux disciples de Christ, au clergé catholique revient tout l'honneur de cette grande transformation. Mais voilà que le clergé, entouré d'honneurs, comblé de richesses, investi de la puissance, éloigné par les temps de la parole de son Maître, oublie le but qu'il doit accomplir. Plongé dans le mysticisme, il abandonne ce grand courant d'égalité qu'il a creusé lui-même, il marche à côté tout en le suivant, il est vrai, mais de loin. L'impulsion est donnée. Quoique le clergé ne soit plus en avant, le courant marche toujours. Surviennent les communes qui lui impriment un mouvement prompt et rapide, lequel entraîne le servage dans son impétuosité.

Encore une fois, le nombre des hommes libres est considérablement augmenté. Aux communes succède le protestantisme, qui, aidé de la découverte de l'imprimerie, fait connaître à tout homme sa valeur individuelle, sape à jamais les bases de l'autorité religieuse, et par suite, les bases de l'autorité temporelle. Pour corrélatif à ces commotions d'idées, dans l'ordre des faits, le salaire remplace le servage.

Arrive enfin la Révolution française. Jusqu'alors, le progrès avait consisté dans l'augmentation du nombre des hommes libres et dans l'élévation des classes inférieures au niveau des classes supérieures. L'Esclave devient Serf, de Serf il devient salarié. De chose meuble, il passe à la dignité d'homme, mais privé de la liberté. De l'état d'homme privé de la liberté, il passe à l'état d'homme libre. Telle est la marche incessante du progrès dans les siècles précédents; elle est visible et facile à saisir.

En 89, la Révolution, dans la direction que nous venons d'indiquer, s'arrête et suit une autre voie ; ce n'est plus la classe inférieure qui est admise dans le sein de la classe supérieure, mais c'est la classe supérieure, noblesse et clergé, qui tombe dans le sein de la classe inférieure bourgeoise. Il est de mode, actuellement, de répéter cette phrase d'Armand Carrel : « Nous ne voulons pas couper les habits, mais allonger les vestes, » c'est-à-dire que les Républicains de la trempe du *National* veulent, non point faire descendre la Bourgeoisie dans le Peuple, mais élever le Peuple au niveau de la Bourgeoisie. Erreur profonde qu'il faut se hâter de déraciner et de détruire.

Si vous avez voulu dire : Il faut que le Peuple arrive au bien-être matériel du Bourgeois ; comme lui, se couvre de fin drap, de riches étoffes, au lieu de blouses de toile qui ne le préservent point des intempéries de nos climats, —— nous sommes d'accord avec vous ; vous avez eu parfaitement raison. A ce but tendent tous nos efforts.

Si vous avez voulu dire tout simplement que le Peuple pourrait, par ses vertus, ses talents, son travail, ses économies, entrer dans la classe des Bourgeois, des oisifs, parvenir à être fonctionnaire public ou rentier, — vous êtes dans la plus profonde erreur. Ce moyen ne servirait qu'à accroître le nombre des privilégiés, rien de plus. Et depuis quand les vertus et les talents servent-ils à devenir fonctionnaire public ? Est-ce depuis le 24 février ? La vertu et les talents n'existent donc que dans les bureaux du *National.*

Toutes ces grandes phrases sont de la glu afin de piper le Peuple qui se bat bravement, et ses victoires n'aboutissent, par la faute, l'ambition et l'incapacité des chefs, qu'à un chassez-croisez des places : ôte-toi de là, que je m'y mette.

Non, non, les révolutions n'ont point ce but ; abaisser la clásse bourgeoise, annihiler la classe des oisifs et la mettre au niveau du Peuple en la forçant de pourvoir à ses besoins par le travail. Que tout le monde travaille, et tout le monde sera heureux, et nul ne jouira d'aucun privilége, et nul n'exploitera son semblable.

N'est-ce pas incroyable? Le Bourgeois est un parasite qui vit aux dépens du Travailleur. Le travailleur est méprisé, l'oisif est honoré. L'oisif est une vermine qui ronge le Peuple, et la vermine a le pas sur le Peuple : elle ose l'insulter!

En 1848, le progrès continue dans le même sens. La tendance de la Révolution est à la destruction de la Bourgeoisie, à son incarnation dans le Peuple. Transformer l'oisif en travailleur, le capitaliste en ouvrier : tel est son but.

Nous avons dit : l'oisiveté est la caractéristique du Bourgeois. Or, le Bourgeois prétend que cette oisiveté découle de droits inaliénables, saints et sacrés; examinons donc la valeur de ces droits. Sans vouloir entrer dans l'essence de ces droits, nous les jugerons d'après le vieil axiôme sorti de la bouche du Christ : on connaît un arbre à son fruit.

L'oisiveté, qui est le fruit de ces droits, les condamne comme souverainement iniques, injustes. Qui oserait soutenir l'oisiveté? Qui oserait, par conséquent, soutenir l'erreur génératrice de cette oisiveté ? L'oisif est un être odieux à la société, ennemi du genre humain, méprisé de tous. C'est une vermine attachée au flanc de l'humanité, dévorant sa substance, l'empêchant de se développer dans toute sa force, dans toute sa beauté. Par lui, le progrès est ralenti, le rachitisme des sociétés arrive, leur dépérissement se fait sentir, et la misère au visage hideux apparaît dans toute son horreur. Les pays où le nombre d'oisifs est le plus considérable sont aussi les pays où la misère est le plus intense, où elle enserre un plus grand nombre d'individus. Dans ces pays, il arrive une époque où il n'existe rien autre que des oisifs repus de voluptés, rassasiés de jouissances, et des misérables, hâves, chétifs, affamés.

Voyez l'Angleterre, voyez l'Irlande. L'Irlande, où le paysan vit toute l'année avec des pommes de terre, sans pain ni viande : bienheureux quand il a des pommes de terre. Et un journal français, le *Socialophobe constitutionnel*, demande avec ironie et sous feinte d'ignorance : « Quel est le sujet de plainte de ce malheureux pays? Pourquoi se révolterait-il? Pourquoi secouerait-il le joug de l'Angleterre? » Mourir de faim aux yeux de ces infâmes, est un devoir : ce serait un crime de déranger la digestion des milords.

Pour maudire l'oisif, l'homme vivant sans travail, c'est-à-dire sans douleur, reportons-nous aux livres sacrés des catholiques. Quand Dieu, suivant le récit de la Genèse, chassa nos pères du paradis terrestre, lieu de délices et d'oisiveté, il dit à la femme : Tu enfanteras dans la douleur, — et à l'homme : Tu te nourriras à la sueur de ton front. Par ces paroles, Dieu lia indissolublement l'homme à la femme dans le même châtiment. La douleur de l'un ne peut être enlevée sans que la douleur de l'autre ne disparaisse aussitôt. C'est, si je ne puis m'exprimer ainsi, une peine synallagmatique. Tous deux souffriront, ou tous deux seront délivrés simultanément. Or, la femme enfante toujours dans la douleur, pourquoi donc l'homme ne vit-il plus à la sueur de son front? A la vérité, ce ne sont point tous les hommes qui vivent dans une monstrueuse oisiveté, mais seulement un petit nombre. Je répondrai : Est-il une seule femme exempte des douleurs de l'enfantement, qui, par ce privilège puisse, pour ainsi dire, légitimer le privilège des oisifs et former avec eux une classe supérieure au-dessus des autres humains ? Mais objectera-t-on, tout le monde travaille, le riche aussi bien que le pauvre, le Bourgeois aussi bien que le prolétaire. Le riche travaille en faisant valoir ses biens, par la surveillance qu'il exerce sur ses ouvriers ; en passant des baux pour la location de ses maisons , de ses champs, de ses vignes ; en faisant couper ses bois , en touchant le montant de ses rentes, en donnant quittance de ses fermages , en gardant ses trésors contre la rouille et les voleurs. Quel producteur ! Quel travailleur !

Il est souverainement inique de jouir des produits qu'un autre homme a enfantés ; il est souverainement injuste d'enlever à un travailleur une portion quelconque de son labeur. Dépouiller son frère, s'appelle , dans toutes les langues et parmi tous les hommes, s'appelle *voler*. Tel est le rôle de l'oisif, du *Bourgeois*.

Celui qui enlève à un écrivain, à un inventeur, à l'aide de contrefaçon, une partie des bénéfices que l'auteur aurait retirés légitimement de ses œuvres, est un *voleur*. Celui qui reçoit de l'Etat un traitement pour une fonction qu'il ne remplit point est un *voleur*. *Voleur* est celui qui cumule deux traitements, attendu que nul ne peut, physiquement parlant, remplir deux fonctions à la fois. Il est *voleur*, le professeur ou le fonctionnaire qui, se faisant suppléer, émarge cependant les émoluments attachés à sa fonction. Celui-là est *voleur*, qui reçoit un salaire plus élevé que la valeur de son travail. Un banquier, un notaire, qui, profitant d'un moment de crise, impose à un négociant le prix de l'argent à un taux très-élevé, sous prétexte de droits d'escompte de commission, de compte de retour, etc., etc., est *voleur*. Combien de commerçants, de manufacturiers, de propriétaires, trouvent à la fin de l'année du déficit dans leur caisse, malgré l'activité la plus grande, le zèle le plus dévoué, le travail le plus pénible? D'où vient cet état de choses? De ce que sur les bénéfices il a fallu prélever les droits d'aubaine, du propriétaire de loyer, du propriétaire d'argent. Celui-là est un *volé.*

Mon opinion n'est pas neuve et ne date point d'hier. L'Eglise catholique, par la bouche des Saints-Pères et des conciles, a toujours soutenu cette doctrine. Ecoutez saint Grégoire de Nysse, qui vivait au 4me siècle, ses paroles sont foudroyantes :

« La vie de celui qui prête est pares-
» seuse et insatiable. Il ignore la culture
» des champs, il n'exerce aucune indus-
» trie, et il veut tout recueillir sans tra-
» vail. Sa charrue, c'est une plume ; son
» champ, une feuille de papier ; sa se-
» mence, un peu d'encre ; enfin, la pluie
» destinée à féconder son travail, c'est le
» temps nécessaire pour que son argent
» augmente et lui rapporte des fruits mys-
» térieux... L'usurier n'a rien, et il pos-
» sède tout , s'arrangeant une vie toute
» contraire aux prescriptions des apôtres ;
» car, s'il prête à ceux qui lui demandent,

» ce n'est point par humanité qu'il agit,
» mais uniquement par cupidité... Homme
» cupide, rends à ton frère ce que tu lui
» as injustement ravi ! — Celui qui nom-
» merait vol et parricide l'inique invention
» du prêt intéressé, ne serait pas très-
» éloigné de la vérité. Qu'importe, en ef-
» fet, que vous vous rendiez maître du
» bien d'autrui en escaladant des murs et
» en tuant des passants, ou que vous ac-
» quériez ce qui ne vous appartient pas
» par l'effet impitoyable du prêt. O déprava-
» tion de langage ! Le prêt devient le nom
» du vol... Si quelqu'un, rencontrant un
» voyageur, lui arrache par force ou lui
» soustrait par ruse ses provisions, on le
» traitera de brigand et de voleur. Mais ce-
» lui qui commet une injuste spoliation, en
» présence de témoins, et qui confirme
» une iniquité par des actes en bonne for-
» me, est qualifié d'homme généreux,
» bienfaisant, secourable, etc. »

Est-ce clair ?

Ainsi Proudhon n'est pas le premier qui
ait donné cette définition devenue célè-
bre : la propriété, c'est le vol, définition

qui a attiré sur sa tête les malédictions de presque tous les organes de la presse et les haines de toutes la bourgeoisie.

Saint-Grégoire de Nysse va plus loin ; il appelle la propriété un vol et un parricide. On pourrait faire une objection que j'ai hâte de détruire. Ce père ne parle point de la propriété, mais seulement du prêt à intérêt. Nous l'avons déjà dit : pour nous et pour les socialistes, la propriété et le prêt à intérêt sont une seule et même chose ; ils sont adéquates identiques. On confond dans le mot *propriété* deux choses parfaitement distinctes et très-bien distinguées par les magistrats, les jurisconsultes et les avocats, à savoir le possessoire et le pétitoire. Le possessoire se dit de la possession de la chose, et le pétitoire de la nue propriété. Exemple : Un individu donne à bail une exploitation rurale, et ce, en vertu de son droit de nue propriété ; le fermier qui a loué entre en possession en vertu de son bail. Le premier jouit du pétitoire, le second du possessoire. Celui-là est vraiment appelé propriétaire. Dans l'espèce, en quoi consiste, pour le pro-

priétaire, la jouissance de son bien ? Dans
la location ou le prêt à intérêt de sa chose.
Quelle est donc la différence entre la propriété et le prêt à intérêt ? Il n'en est aucune. Or, suivant Saint-Grégoire de Nysse,
le prêt à intérêt est vol, la propriété est
donc vol, parricide. Mais, Saint-Grégoire
de Nysse, dans cette définition, est du
même sentiment que tous les pères de l'E-
glise, que tous les conciles jusqu'au XIVme
siècle. Par conséquent, elle est la doctrine
de l'Eglise catholique. Pour prouver mon
assertion, je ne citerai que quelques Pères et quelques canons des conciles.

Le concile d'Elvire, tenu en 305, dit :
« Si un ecclésiastique est convaincu d'a-
» voir prêté à intérêts, qu'il soit déposé
» et excommunié. Si c'est un laïque, il
» recevra son pardon, à la condition qu'il
» promette de faire pénitence et de ne
» plus commettre d'exactions ; mais, s'il
» persiste dans son iniquité, qu'il soit re-
» jeté de l'Eglise, qu'il soit excommunié ! »
Quel terrible châtiment ! On ne se con-
tente pas de déclarer que la propriété c'est
le vol, on met hors la loi le propriétaire.

Le concile de Vienne, tenu en 1311, sous la présidence de Clément V, est plus terrible encore ; la simple opinion favorable au prêt à intérêt est frappée d'anathême ! « S'il arrive à quelqu'un, dit-il, » de tomber dans cette erreur, qu'on peut » affirmer en conscience qu'il n'y a pas de » péché à prêter à intérêt, nous décré- » tons qu'il soit puni comme hérétique. »

Les pères de l'Eglise ne développaient une pareille doctrine qu'appuyés sur les paroles du Maître qu'ils regardaient comme divin. Jésus-Christ a dit : « Prêtez sans rien espérer. » Cette loi de Dieu, dit Saint-Ambroise, exclut généralement toute augmentation de capital.

Saint-Augustin continue la même tradition : « Les rentiers, s'écrient-ils, osent » dire : je n'ai pas d'autres ressources pour » vivre. Eh ! n'est-ce pas ce que répon- » drait un *voleur* pris sur le fait?... »

Saint-Thomas, l'Ange de l'Ecole, l'homme le plus éminent parmi les Dominicains, a dit : « Le prêt à intérêt n'est jamais per- » mis au chrétien, pas même dans les » limites de ce qui lui est nécessaire à la vie.....» Eh bien ! révérend Lacordaire , vous qui vous escrimez, dans l'ère nouvelle, à soutenir la propriété comme la pierre angulaire de la société , comme la condition *sine qua non* de la liberté individuelle , que pensez-vous du révérend Saint-Thomas , la gloire de votre ordre ? Au lieu d'insulter les hommes qui attaquent cette grande iniquité , cause génératrice de tous nos maux , de les injurier à tort et à travers , retournez à vos études, feuilletez les maîtres qui ont servi de guide et de lumière à toute la chrétienté. Si l'on vous appliquait le canon du concile de Vienne ; vous êtes relaps et excommunié.

Avouez que si la propriété est la condition nécessaire de la liberté individuelle, peu d'hommes en France jouissent de cette précieuse liberté, puisque sur 36 millions d'habitants, à peine un million sont propriétaires. Pour un prêtre, vous faites une vilaine besogne ; vous catégorisez dans l'esclavage 35 millions d'hommes.

Remarquons , en passant, une chose toute à l'avantage de Proudhon. Proudhon dit : La propriété, c'est le vol. Il oublie le propriétaire et ne le considère point comme un voleur ; il suppose chez lui la bonne foi ; il cherche à l'éclairer en lui prouvant cette équation : la propriété est injuste ; il n'attise pas les haines du pauvre, pillé, volé, exploité, contre le pilleur, le voleur et l'exploiteur. Les pères de l'Eglise, au contraire, s'attaquent au propriétaire, ils le nomment par son véritable nom : *voleur* ; ils vont plus loin : c'est un parricide, il doit être mis hors la loi. Avouons qu'en fait de révolutionnaires, si Proudhon est de la République rouge, les saints Pères sont de la République écarlate.

Proudhon ménage l'homme ; les pères, mieux instruits des moyens à prendre pour détruire la chose, attaquent le détenteur. Quand, pensent-ils, le propriétaire n'existera plus, ce serait bien le diable si la propriété existe encore. Morte la bête, mort le venin. Que leur pieux, leur saint désir soit accompli ! C'est là le but que nous nous engageons à poursuivre de tout notre cœur, de toute notre âme, de

toutes nos forces. Puissions-nous réussir !
Nous montrerons par là que nous avons
suivi les leçons de ces maîtres dans la science et dans la vertu. Détruire la propriété,
et puis mourir !

Proudhon est plus animé de l'esprit de
charité ; les Pères de l'Eglise sont inspirés
plus spécialement de l'esprit de justice.
Le vrai coupable doit être atteint, disent
les disciples du Christ. Le propriétaire est
de bonne foi, par conséquent innocent,
disent les disciples de Proudhon. Paix aux
hommes, guerre à la propriété.

Devant un texte aussi formel des livres
sacrés, comment se fait-il, Prêtres du
catholicisme, Religieux de tout ordre,
Prêcheurs de toute secte, que vous osiez
soutenir l'usure, le prêt à intérêt, et appeler sur nos têtes la réprobation univer-
selle, sans compter tous les feux de l'enfer ? Est-ce que par hasard votre infailli-
bilité aurait fait le plongeon dans les bas-
fonds impurs de l'oisiveté ? Ne seriez-vous
point quelques-uns de ces gros et gras oisifs gorgés de viande, saturés de vin ? Quel
est votre travail ? voyons les produits de

vos infatigables labeurs. Quoi! vous travaillez le dimanche seulement à enseigner, à instruire les enfants? Là sont toutes vos peines. Que vos fatigues sont grandes! Il ne se trouvera donc point, parmi vous tous, sortis des rangs du Peuple, un homme à l'âme ardente, au cœur passionné, aux entrailles pleines de charité, pour monter en chaire crier anathème aux riches, montrer au pauvre les spoliateurs qui le ruinent en l'asservissant! Les Fénélon, les Vincent de Paule, les Dominique, les Bridaine n'ont donc point laissé de successeur !

C'est donc bien entendu. Le Bourgeois est en opposition avec le Prolétaire. Le Bourgeois est exploiteur, le Prolétaire est exploité. Oppresseur et Opprimé, Oisif et Travailleur, Improducteurs et Producteurs, telles sont les relations des deux classes qui constituent notre société. Déjà par l'effet de la Révolution de 1789, ont disparu les Rois, les Nobles et les Prêtres, laissant à leur place les Banquiers, les Industriels, les Accapareurs, les Monopoleurs, les Usuriers, les Traitants, les

Cumulards, les Sinécuristes , etc,.

Eh bien ! Gardes Nationaux, vous tous dont le travail soutient et nourrit une famille , vous tous qui subissez le joug de ces banquiers avides et rapaces, qui , par l'escompte, les comptes de retour, les frais de toutes espèces, engloutissent dans leurs coffres-forts la meilleure et la plus grande partie de vos produits ; vous tous qui nourrissez de vos sueurs ces improducteurs , comprendrez-vous enfin que votre intérêt est de vous liguer avec le Peuple, le vrai Peuple, c'est-à-dire le Travailleur, pour anéantir l'Oisif ? Il faut que dans quelques années , dans quelques mois, il ait passé à l'état d'animal antédiluvien. Alors, la Révolution sera définitivement accomplie.

A la vue de tant de faillites, de concussions , de faux , de crimes engendrés par le prélèvement injuste que fait le capital, vous voulez, Bourgeois, que l'on ne soit point indigné , que la colère n'éclate pas , que l'injure ne vienne point sur les lèvres. Vous voulez, non-seulement le calme de l'honnête homme et celui de votre victime , mais encore que tous deux se lèvent pour défendre et soutenir vos priviléges ! Non , mille fois non , ne l'espérez plus. Votre 89 a sonné le 24 février 1848, votre 93 sonnera dans peu.

Souvenez-vous de ce qui arriva aux privilégiés de l'ancien ordre des choses ; noblesse et clergé refusèrent d'abord de concéder aucune de leurs injustices qu'ils appelaient des droits , puis , forcés par les évènements, ils consentirent à en abandonner une partie, mais il était trop tard ; le torrent était débordé, tout fut entraîné, tout périt, hommes et choses. Eh bien ! Bourgeois , si vous ne savez faire à temps toutes les concessions utiles, nécessaires, il arrivera un moment pour vous où il sera trop tard. Hâtez-vous , vos destinées sont encore entre vos mains ; vous pouvez détourner l'orage qui menace vos têtes ; faites le sacrifice de vos priviléges , donnez à l'ouvrier le produit intégral de son travail, ne prélevez rien sur son labeur, et assurez-lui des travaux. Hâtez-vous , car la Misère gronde et menace ; votre victoire du 24 juin n'a point résolu le problème ;

elle a étouffé les sanglots, mais elle ne les a point taris ; les cris de douleur ne résonnent plus à vos oreilles : ils n'en sont que plus pénibles et plus redoutables. Hâtez-vous !

S'il est permis de vous demander ce que vous avez fait depuis cinq mois, Pouvoir exécutif, depuis trois mois, Pouvoir constituant, que répondriez-vous ?

Nous nous sommes reconnus véritablement élus. Que nous importe ! Nos entrailles se tordent dans les convulsions de la faim. Nous avons nommé un comité de Pouvoir exécutif, un Dictateur, un Président du conseil. Que nous importe ! nos entrailles se tordent dans les convulsions de la faim. Nous avons créé un comité d'enquête pour le travail. Que nous importe ! nos entrailles se tordent dans les convulsions de la faim. Nous avons supprimé les journaux, rogné les ailes de la liberté, rétabli l'ordre. Que nous importe ! Nos entrailles se tordent dans les convulsions de la faim. Nous avons discuté, voté le projet de constitution. Que nous importe ! Nos entrailles se tordent toujours dans les convulsions de la faim, et bientôt les convulsions cesseront, car bientôt la mort bénie nous enveloppera de son blanc linceul. Que faut-il donc faire? Ce qu'il faut faire, c'est à moi à qui vous le demandez? vous, les élus de la Nation; vous, en qui elle a remis ses destinées; vous, chargés de la diriger dans les voies du progrès; vous, à qui elle a confié le soin d'améliorer son bien-être matériel, moral et intellectuel; vous n'avez donc point écoute sa voix, cette grande voix du Peuple, qui est la voix de Dieu. Vous n'êtes donc point son expression, son verbe, sa manifestation (*).

On ne peut donc le nier, chaque représentant, pris en particulier, est animé de bonnes intentions; il désire sincèrement la destruction de la misère, l'amélioration du bien-être du pauvre; il possède un plan, un projet; il a des vues élevées, grandioses; et cependant, réunis, pris en masse, ils sont réduits à l'impuissance.

(*) Cette conversation est historique. Elle a eu lieu, lors de l'envahissement de l'Assemblée au 15 Mai, entre l'auteur de cet opuscule et un Représentant.

Quelle fatalité pèse donc sur eux ? Quel obstacle les retient et les empêche d'avancer ?

Encore quelque temps dans cette inertie, et les catastrophes du passé se renouvelleront. Pour vous, pour nous, Bourgeois, l'avenir est plus effrayant qu'il ne l'est pour le Prolétaire. Hâtez-vous, hâtez-vous, ne reculez point devant ces projets que la fatalité pousse et qui arriveront à l'état de réalité, malgré tous vos efforts ; faites vite et promptement le sacrifice d'une portion de vos revenus. Déjà les locataires, les fermiers disent : La proposition du tiers qui, pour nous, se résout en un bénéfice d'un sixième, ne suffit pas, attendu que nous ne pouvons même pas payer la moitié de notre location.

Hé quoi ! Citoyens représentants, vous avez rejeté, dans la séance du 31 juillet, avec haine et colère, avec injures et imprécations, la proposition qui devait nous sauver tous. Vous n'avez pas même discuté les raisons sur lesquelles elle était basée ; vous avez enfoui 671 boules dans l'urne, et puis vous dites : Nous l'avons écrasé ce socialisme ! Si tous pouvaient venir à la tribune, nous leur montrerions qu'ils ne sont que des fous, des sauvages. Ah mais ! nous avons là 700 boules qui manœuvrent admirablement.

Mais, malheureux que vous êtes, vous ignorez donc, suivant la parole de Pascal, qu'un Représentant n'est pas une raison, et que 671 boules ne valent pas un syllogisme. Voter, pour vous, c'est renverser une doctrine, et vous dites : Qu'ils viennent, tous ces socialistes, qu'ils étalent à la tribune leurs théories, nous en ferons bonne et prompte justice ; vous appelez faire justice, que de les étouffer entre deux portes. Toujours, une idée comprimée, bonne ou mauvaise, a fait sauter en éclats le compresseur. Les enseignements ne sont pas loin ; il faudrait rappeler toutes les dates célèbres de notre histoire ; l'Assemblée doit son existence à l'une des plus célèbres, le 24 février 1848, inscrite en lettres de feu dans les fastes de la Bourgeoisie.

La Révolution de février a pour but la

destruction des Oisifs, des Capitalistes, des Rentiers, des Bourgeois, de ceux, en un mot qui vivent du produit du travail d'autrui, qui vivent avec le produit que crée le travail du Prolétaire, le travail du Peuple, qui reçoivent l'aumône de l'Ouvrier.

Ils ont bâti des prisons, institué des tribunaux, inventé des avocats ; et ils s'en vont, soutenus par des gendarmes, forcer l'ouvrier à leur payer un droit de péage. Semblables à ces seigneurs du moyen-âge, qui, aidés de leurs vassaux, rançonnaient par la force brutale le voyageur obligé de passer au pied de leurs crénaux.

Quant à la justice de ce but, à son équité, à son droit, à sa légitimité, il est inutile, d'après tout ce que nous venons de dire, de le démontrer tout au long.

Cherchons maintenant quels sont les moyens que nous devons employer pour atteindre ce but, pour traduire le droit dans les faits, faire régner la justice intégrale.

Quels sont ces moyens?

Sera-ce la terreur ?

Non. Effrayer, épouvanter, n'a jamais fait fléchir un homme de cœur.

Sera-ce l'impôt frappé sur les riches jusqu'à les dépouiller de leur fortune?

Non. Ce serait bouleverser la société actuelle et jeter une partie de ses membres dans la plus horrible misère, puisqu'ils seraient incapables de travail.

Sera-ce l'impôt progressif?

Non. Puisque l'impôt progressif n'est qu'une spolialion déguisée.

Sera-ce la guillotine, qui le ferait disparaître immédiatement?

Non. Nous laissons ce dernier moyen, si bien employé par la bourgeoisie en 91, 92, 93, pour établir son empire, à qui s'en est déjà si bien servi.

Je n'ai jamais compris certains écrivains, sincères amis du Peuple, cherchant à justifier les excès commis dans la première révolution. Il semble, à les entendre, que c'est le Peuple qui est coupable. En vérité, vous n'avez jamais réfléchi à qui toute cette effusion de sang a servi.

Qui a hérité des biens du clergé et de la noblesse? Est-ce le Peuple? Qui a succédé au pouvoir des anciennes familles dont la gloire était grande? Est-ce le Peuple? Et si c'est la Bourgeoisie qui a eu tous les bénéfices des horreurs de 93 , pourquoi en rendre le Peuple responsable ? Etaient-ils du Peuple, les Mirabeau, les d'Orléans, les Robespierre, les Lafayette ?

Lisez donc l'histoire ; le Peuple vainqueur ne fut jamais sanguinaire ; par nature, il est généreux ; il veut la liberté pour lui, pour ses ennemis ; trop magnanime, il n'insulte point ceux qui l'ont opprimé, il leur tend la main en signe d'union et de fraternité. Aimons-nous, s'écrie-t-il, aimons-nous et soyons heureux.

La Révolution de 1830 fut pure de toute souillure, et si l'on emprisonna les ministres du roi déchu, si on les jugea, si on les condamna, qui oserait dire que c'était le Peuple qui avait demandé leur mise en jugement ? N'était-ce pas la Bourgeoisie maîtresse et régnant par son roi bourgeois.

A la Révolution de février 1848, avez-vous vu une seule vengeance ? Que fait le Peuple vainqueur ? Il ouvre les prisons, proclame toutes les libertés, laisse aux journaux de la réaction tout pouvoir de le calomnier, et il ne se plaint pas ; il ne demande point de lois répressives et préventives ; il ne va point fouiller dans l'arsenal des assemblées de 92 et de 93, du Directoire, de l'Empire et de la Restauration, des lois pour condamner ses ennemis. Il ne fusille point ceux qu'il prend sur les barricades défendant le pouvoir qu'il attaque.

Après juin 1848, le Bourgeois est victorieux. Quel changement ! Les prisons n'ont plus assez de place pour contenir tous leurs hôtes ; les libertés sont détruites, les journaux sont supprimés, la presse est mise sous scellé, nul ne parlera, hors nous et nos amis, le droit de réunion est anéanti ; et vous, cour du Louvre, Jardin des Tuileries, Allées du Luxembourg, caveaux du Palais de Médicis, Terre-plein du Pont-Neuf, Enceinte de l'hôtel de Cluny, Préau de la Barrière Saint-Denis, Place du Panthéon, souterrains de l'Hôtel-de-Ville, longtemps vos échos retantissants répéteront les sons incessants de la balle venant frapper la poitrine d'un prisonnier !

Qui ordonnait ces fusillades continues ?

Ce n'était point le Dictateur. Ce n'était point l'Assemblée nationale. Qui était-ce donc? C'était la Garde nationale, la Garde mobile, qui, de son autorité privée, disposait ainsi de la vie de son frère peut-être égaré.

L'on trouve infâme le roi de Naples faisant mitrailler, après jugement, deux cents révoltés prisonniers, et on admire, on proclame héros l'homme qui, dans les Tuileries, court à la chasse de l'homme, ajuste les fugitifs réfugiés au sommet des arbres, leur brise les membres, les fait tomber sanglants, et redouble ses coups de fusil sur ces corps sans force et sans énergie. Entre le lazzarone de Naples et le victorieux de Paris, jugez, lecteurs, jugez?

Mais détournons nos regards d'un si triste et si funeste spectacle, et, comme le Peuple, soyons généreux; pardon à tous, oubli de toute vengeance. Pour arriver à notre but, nous voulons un moyen pacifique, qui ne produise ni troubles, ni agitation, ni émeute, mais nous voulons qu'il détruise radicalement l'inégalité qui

existe encore entre l'oisif et le travailleur.
Tous nous devons être travailleurs ; tous
nous devons vivre de notre travail seul ; tous
nous devons posséder en entier les fruits
de notre labeur. Toute la question est dans
cet axiôme incontestable au point de vue
de la justice : Chaque travailleur a droit
au produit intégral de son travail ; —
axiôme qui, malheureusement, n'est point
encore transformé dans les faits ; aussi la
misère existe-t-elle terrible et menaçante.
Celui qui ne travaillera pas, mourra litté-
ralement de faim ; car l'aumône n'est plus
possible et devient un crime, dans une
société où chacun ne possède rien en plus
du produit sorti de ses mains, quand il
possède ce produit tout entier et que le
travail lui est assuré. L'aumône, cette injure faite par le riche au pauvre, n'est
point l'enfant de la charité ou de l'amour ;
elle est une institution créée par la peur
pour alléger la misère, la contenir et l'empê-
cher de réclamer ses droits. Elle est un pal-
liatif destiné, sous le beau nom de fraternité, de philantropie, à masquer une plaie
hideuse de la société semblable au taffetas

couleur de chair que l'on place sur le visage pour dissimuler un chancre purulent.

Quel est donc ce moyen ?

Il consiste dans un établissement de crédit dont le fonctionnement assurerait à chaque travailleur l'écoulement de ses produits en les échangeant contre une bonne valeur de circulation, soit monnaie, soit papier de banque. On le voit de suite, l'ouvrier ne serait plus exploité par le Bourgeois possesseur du capital ; la nouvelle formule économique : Chaque Travailleur a droit au produit intégral de son travail, aurait sa pleine et entière réalisation.

Non-seulement cet établissement faciliterait les débouchés, empêcherait les encombrements de marchandises, mais il prêterait encore au producteur les instruments et les matières premières de son métier. Par cette dernière opération, nul ne pourrait se plaindre, gémir ou demander l'aumône, puisqu'il serait assuré de travailler, quand bon lui semblerait, dans sa profession. Plus il serait habile, plus il gagnerait. Plus il emploierait de temps à sa profession, plus il obtiendrait de produits, plus il serait riche. Etes-vous amis du luxe, des plaisirs, du comfort? Travaillez, et vous aurez le luxe, les plaisirs, le comfort. Avez-vous des goûts modestes et un penchant à la rêverie? Travaillez juste assez pour satisfaire vos goûts, et vous consacrerez le reste du temps aux douces émotions de l'âme.

Dans la société ainsi organisée, qui oserait se plaindre? Qui pourrait le faire? Vous avez des passions à satisfaire, quelles qu'elles soient, morales, intellectuelles, physiques, le moyen est à votre disposition, c'est le travail qui produira la monnaie avec laquelle on obtient tout.

Comment parviendra-t-on à fonder un pareil établissement? Jusqu'à ce moment, nous avions cru pouvoir le faire sans le concours du pouvoir; Proudhon, le plus grand homme des temps modernes, qui fondera une nouvelle ère dans l'histoire du monde, a essayé; mais les calomnies, les persécutions, les tracasseries, les violences, les perfidies de la Bourgeoisie, maîtresse du Pouvoir, maîtresse des tribunaux, maîtresse de la police, l'en ont empêché. Elle ne veut pas, cette Bourgeoisie aveugle, laisser tenter aucune amélioration dans le malheureux sort du Prolétaire accablé par la misère.

Nous n'avons plus qu'un moyen, c'est de devenir le possesseur du pouvoir. Nous vous l'abandonnions, ce pouvoir, que nous voulons traîner aux gémonies, et vous vous en êtes servis contre nous. Vous voulez la lutte, eh bien, soit ! vous aurez la lutte; vous voulez la bataille, vous aurez la bataille.

Prolétaires, vous tous qui souffrez, serrez vos rangs, voici le Bourgeois qui vient, armé de pied en cap, vous courir sus et vous égorger. Prolétaires, aux armes ! Soignez votre fourniment, munissez-vous de cartouches, et tenez-vous prêts !